PATRICE RAS

Caderno de exercícios de

comunicação não verbal

Ilustrações de Jean Augagneur

Tradução de Stephania Matousek

EDITORA VOZES
Petrópolis

© Éditions Jouvence S.A., 2014.
Chemin du Guillon 20
CH—1233 — Bernex
http://www.editions-jouvence.com
info@editions-jouvence.com

Tradução do original em francês intitulado
*Petit cahier d'exercices de communication
non verbale*

Direitos de publicação em língua portuguesa —
Brasil: 2017, Editora Vozes Ltda.
Rua Frei Luís, 100
25689-900 Petrópolis, RJ
www.vozes.com.br
Brasil

Todos os direitos reservados. Nenhuma parte desta
obra poderá ser reproduzida ou transmitida por
qualquer forma e/ou quaisquer meios (eletrônico
ou mecânico, incluindo fotocópia e gravação) ou
arquivada em qualquer sistema ou banco de dados
sem permissão escrita da editora.

CONSELHO EDITORIAL

Diretor
Volney J. Berkenbrock

Editores
Aline dos Santos Carneiro
Edrian Josué Pasini
Marilac Loraine Oleniki
Welder Lancieri Marchini

Conselheiros
Elói Dionísio Piva
Francisco Morás
Gilberto Gonçalves Garcia
Ludovico Garmus
Teobaldo Heidemann

Secretário executivo
Leonardo A.R.T. dos Santos
_____
Editoração: Flávia Peixoto
Diagramação: Sheilandre Desenv. Gráfico
Revisão gráfica: Nilton Braz da Rocha
Ilustrações: Jean Augagneur
Capa: Éditions Jouvence
Adaptação e arte-finalização: Editora Vozes

PRODUÇÃO EDITORIAL

Aline L.R. de Barros
Marcelo Telles
Mirela de Oliveira
Natália França
Otaviano M. Cunha
Priscilla A.F. Alves
Rafael de Oliveira
Samuel Rezende
Vanessa Luz
Verônica M. Guedes

ISBN 978-85-326-5516-5 (Brasil)

ISBN 978-2-88911-516-7 (Suíça)

Este livro foi composto e impresso pela
Editora Vozes Ltda.

Dados Internacionais de Catalogação na Publicação (CIP)
(Câmara Brasileira do Livro, SP, Brasil)

Ras, Patrice
    Caderno de exercícios de comunicação não verbal /
Patrice Ras ; ilustrações Jean Augagneur ; tradução
Stephania Matousek. — Petrópolis, RJ : Vozes, 2017. —
(Coleção Praticando o Bem-estar)
    Título original : Petit cahier d'exercices de
communication non verbale
    Bibliografia.

    4ª reimpressão, 2024.

    ISBN 978-85-326-5516-5

    1. Autoconhecimento (Psicologia)   2. Comunicação
interpessoal   3. Comunicação não verbal   4. Linguagem
do corpo   I. Augagneur, Jean.   II. Título.   III. Série.

17-05276   CDD-153.69

Índices para catálogo sistemático:
    1. Comunicação não verbal : Psicologia   153.69

Introdução

"O que você é fala mais alto do que aquilo que você diz." Tudo bem, mas como assim? É o que lhe propomos descobrir de maneira simples e lúdica.

Este caderno de exercícios não contém teoria, pois este não é seu objetivo. Já escrevemos outro livro, teórico, do qual ele é um complemento.

Os exercícios que nós lhe apresentamos aqui percorrem praticamente todas as linguagens não verbais (e elas são muitas) de forma variada.

Obviamente, simplificamos (ainda mais), correndo o risco às vezes de beirar a caricatura... Porém, uma caricatura é um desenho simplificado, correto e engraçado...

Nossa única ambição é surpreender, fazer você refletir e se divertir. Afinal, a melhor maneira de aprender é se divertindo, não é?!

Na maioria dos exercícios você deve qualificar certas afirmações: Elas são verdadeiras ("V") ou falsas ("F")? Se não souber, marque "?".

Muito obrigado a Cathy, Delphine e Maxime, minha equipe dinâmica de "testadores".

As vantagens da comunicação não verbal

Na sua opinião, para que serve a comunicação não verbal?

	Verdadeiro	Falso	?
Para detectar melhor os mentirosos.			
Para seduzir melhor.			
Para dominar melhor os outros.			
Para influenciar melhor os outros.			
Para ajudar melhor os outros.			
Para ensinar melhor os outros.			
Para cuidar melhor dos outros			
Para liderar melhor os outros.			
Para vender melhor aos outros.			
Para entender melhor os outros.			
Para se comunicar melhor.			

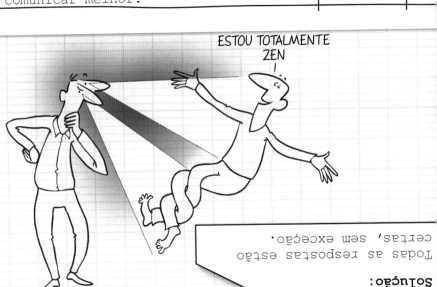

Solução: Todas as respostas estão certas, sem exceção.

A importância da comunicação não verbal

Na sua opinião, qual é a importância relativa dos três registros de comunicação abaixo?

Indique a porcentagem de cada registro. O total deve dar 100%. Se, por exemplo, você achar que todos eles têm a mesma importância, indique 33% em cada um.

Importância dos três registros:

Verbal (as palavras): ....%

Paraverbal (a voz): ....%

Não verbal puro (o corpo): ....%

Total: 100%

Na sua opinião, que grau de consciência você tem destes três registros de comunicação?

Se, por exemplo, você acha que está meio consciente das palavras que utiliza, indique 50%.

Consciência dos três registros:

Verbal (as palavras): ....%

Paraverbal (a voz): ....%

Não verbal puro (o corpo): ....%

Total: ......%

(O total dá mais do que 100%)

A importância da comunicação não verbal

Foi Albert Mehrabian, psicólogo americano, que avaliou (fo
o primeiro, em 1971) a importância e a consciência dos trê
registros da comunicação.
Veja a seguir as conclusões dele:

Importância dos três registros:

- Verbal (as palavras): 7%
- Paraverbal (a voz): 38%
- Não verbal puro (o corpo): 55%
- Não verbal (voz + corpo): 93%

Consciência dos três registros:

- Verbal (as palavras): 93%
- Paraverbal (a voz): 62%
- Não verbal puro (o corpo): 45%

Em outras palavras: a verdadeira importância de um regist
é inversamente proporcional à consciência que temos dele...

comunicação não verbal

1) Quem contribuiu mais para a comunicação não verbal?

- Sherlock Holmes
- Júlio César
- O herói de *Lie to Me*
- Marylin Monroe
- Edward Hall
- "O homem invisível"
- Paul Ekman
- Milton Erickson
- Tintim e Milu
- Aristóteles
- Albert Mehrabian
- Darwin

2) Que profissões utilizam a comunicação não verbal?

- Agentes de alfândega
- Psicoterapeutas
- Médicos
- Prostitutas
- Investigadores
- Todas as profissões
- Nenhuma

Respostas na próxima página.

Respostas

1) Quem contribuiu mais para a comunicação não verbal?

→ O criador de Sherlock Holmes, Conan Doyle, é o "pai" dos métodos de investigação científica.

→ Paul Ekman é o grande especialista americano (ainda vivo) das emoções e da comunicação não verbal. Ele também é o conselheiro do seriado de televisão **Lie to Me**.

→ Júlio César não tem nada a ver com o assunto.

→ Milton Erickson fez dela um dos pilares da hipnose.

→ O herói de **Lie to Me** a popularizou.

→ Tintim e Milu não têm nada a ver com o tema.

→ Marylin Monroe não contribuiu para ela, mas fez muita coisa através dela ("**Happy birthday Mr. President**...").

→ Aristóteles também não contribuiu em nada (apesar de sua produção literária enciclopédica).

→ Edward Hall descobriu as linguagens do tempo e do espaço (proxemia).

→ Albert Mehrabian avaliou e provou a importância dela.

→ Darwin foi o primeiro cientista a se interessar por ela (em especial pela universalidade das mímicas/emoções).

2) Que profissões utilizam a comunicação não verbal?

- Alguns agentes de alfândega a utilizam para identificar criminosos na fronteira, que dão na vista através de olhares, gestos etc.
- A maioria dos investigadores (policiais encarregados de investigar) está começando a se interessar por ela.
- Os psicoterapeutas recorrem a ela de forma mais ou menos natural, pois podem observar à vontade os pacientes e sabem que o corpo dos mesmos expressa o que eles não conseguem dizer com palavras.
- Os médicos também a utilizam, de maneira mais ou menos empírica (durante a consulta e até mesmo antes, na sala de espera).
- Todo o mundo a utiliza de modo mais ou menos intuitivo, ou seja, sem código nem formação.
- Nenhuma: é a única resposta errada.
- As prostitutas lançam mão dela para "atrair" os clientes.

A primeira impressão

Será que a primeira impressão está sempre certa? Sim e não.
Sim, pois todos nós captamos certas informações desde o pri
meiro minuto, e com razão: é no início de um encontro que
nossa atenção está em alerta máximo. Em seguida, ela diminu
rapidamente...
Não, pois (todos) nós nos enganamos buscando confirmar
reforçar a nossa primeira impressão. Se ela for favoráve
captamos todos os sinais positivos e eliminamos os sinai
negativos (e vice-versa).

Portanto, a primeira impressão é determinante, ma
não necessariamente correta: podemos nos deixa
impressionar por uma boa aparência (sedução) ou un
belo discurso (recrutamento). Aliás, a aparência é
especialidade dos sedutores, mentirosos e outros pre
dadores (vigaristas, vampiros, pervertidos).
Porém, no fundo, isso seria um problema tão grand
assim? Não é o reverso da medalha? O preço a paga
por julgar os outros precipitadamente? Sem julga
mento não há decisão; portanto, nada de ação nem d
reação! Antigamente, no meio do mato, essa hesitaçã
podia ser fatal, em todos os sentidos. (Será que
outro é um predador ou uma "presa"?). Seria pior d
que se enganar?

As linguagens não verbais

Quantas linguagens não verbais existem?

Nós identificamos 23. Quer descobri-las? Através do desenho e exemplo abaixo (atitude), indique as diferentes linguagens com o auxílio de setas.

As linguagens não verbais: respostas

Nós identificamos 23 linguagens não verbais:

1) As linguagens do corpo:

A) Linguagens visuais

- rosto (morfopsicologia)
- trejeitos
- gestos e movimentos
- atitudes e posturas
- doenças

B) Os outros sentidos (não visuais)

- audição (tom de voz, volume, ritmo da fala...)
- tato (aperto de mão, carinho, massagem...)
- olfato (cheiros naturais ou artificiais...)
- paladar (oralidade e sexualidade)

2) As outras linguagens:

A) Linguagens de pertenciment social

- visual (roupas, sapatos, penteado, maquiagem)
- objetos que trazemos conosco (acessórios, ferramentas...)
- objetos fixos (móveis)
- objetos que nos transporta (veículos)
- animais que possuímos

B) Linguagens da ação

- atos
- funções
- tempo

C) Linguagens do espaço

- distância entre as pessoas (proxemia)
- lugares que ocupamos
- locais que frequentamos

D) Linguagens transversais (em torno do corpo)

- sonhos
- letra (grafologia)
- cores

A linguagem do olhar

Segundo a PNL (Programação Neurolinguística), a direção do olhar indica o tipo de informação consciente visual (imagem), auditiva (som) e sinestésica (sensação), bem como o tempo (passado, presente ou futuro). Descubra que tipo de informação corresponde a cada olhar e escreva na linha abaixo das figuras. Atenção! Uma (única) direção indica o diálogo interior...

Colocar as seguintes sete opções: visual passado, presente, visual futuro, sensação, diálogo interior, auditivo passado, auditivo futuro.

....

....

....

....

A linguagem do olhar: respostas

Veja abaixo o significado das direções do olhar:

Visual futuro

Visual passado

Presente

Auditivo futuro

Auditivo passado

Sensação

Diálogo interior

Atenção! Isso só vale para os destros (90% das pessoas). Os canhotos (frequentemente) invertem a linha do tempo (passado à direita e futuro à esquerda).

A linguagem das mímicas

De acordo com especialistas (Darwin, P. Ekman), todas as emoções emanam de quatro ou seis emoções "básicas". Descubra-as através dos desenhos a seguir e indique abaixo do rosto a emoção correspondente...

Escrever o nome das seis emoções que dão origem às outras emoções (alegria, tristeza, raiva, medo, espanto, nojo):

....

....

A linguagem das mímicas: respostas
Veja abaixo as seis emoções "básicas":

| Alegria | Raiva | Espanto |

| Tristeza | Medo | Nojo |

Algumas outras emoções: estresse, tédio, rancor, remorso, culpa, dúvida etc.

A linguagem dos gestos manuais convencionais

Na sua opinião, o que significam esses gestos?

- ☐ Ok ou zero
- ☐ Dinheiro
- ☐ Vai tomar no...
- ☐ Ameaça

- ☐ Raiva
- ☐ Vingança!
- ☐ Justiça!
- ☐ Vitória!
- ☐ Lutemos!

- ☐ Vitória!
- ☐ Dois
- ☐ Olá!
- ☐ Paz!

- ☐ Oi!
- ☐ Convite sexual
- ☐ Maldição/ insulto

- ☐ Ótimo!
- ☐ Está bem!
- ☐ Parabéns!
- ☐ Concordo!
- ☐ Convite sexual

- ☐ Corno!
- ☐ Diabo!
- ☐ Rock'n roll!

A linguagem dos gestos manuais convencionais: respostas

Todas as respostas estão certas, dependendo do país ou comunidade:

Ok ou zero (Estados Unidos, Europa)

Dinheiro (Japão)

Vai tomar no... (Brasil)

Ameaça (Tunísia)

Raiva

Vingança!

Justiça!

Vitória!

Lutemos: em política

Vitória! (Estados Unidos, Europa)

Dois

Olá! (motoqueiros)

Paz! (Estados Unidos)

Oi!

Convite sexual América do Sul)

Moutza: maldição/ insulto (Grécia)

Ótimo!

Está bem!

Ofensa (Oriente Médio)

Convite sexual (Sardenha, Grécia)

Corno! (países latinos)

Diabo!

Rock'n roll!

A linguagem dos gestos manuais naturais

Escreva o significado dos seguintes gestos:

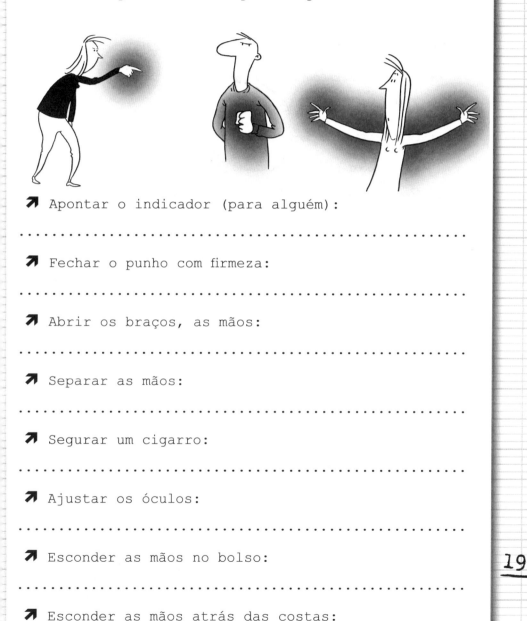

↗ Apontar o indicador (para alguém):
....

↗ Fechar o punho com firmeza:
....

↗ Abrir os braços, as mãos:
....

↗ Separar as mãos:
....

↗ Segurar um cigarro:
....

↗ Ajustar os óculos:
....

↗ Esconder as mãos no bolso:
....

↗ Esconder as mãos atrás das costas:
....

A linguagem dos gestos manuais naturais: respostas

→ Apontar o indicador (para alguém): ameaça/designação.

→ Fechar o punho com firmeza: raiva.

→ Abrir os braços, as mãos: acolhida ou surpresa.

→ Separar as mãos para formar uma barreira simbólica na frente de outra pessoa: gesto de proibição.

→ Recuar a mão aberta para imitar um movimento autorizado: gesto de convite.

→ Segurar um cigarro: gesto para se tranquilizar, se proteger, se esconder (inconscientemente?) com o braço e a fumaça que ocupa o espaço entre o fumante e seu interlocutor.

→ Ajustar os óculos: desconfiança, autocontrole.

→ Esconder as mãos no bolso: descontração, desenvoltura, espera ou desinteresse.

→ Esconder as mãos atrás das costas: espera, inibição, controle, preparação e até mesmo dissimulação.

A linguagem dos autocontatos

Coloque cada pensamento no balãozinho correspondente:

DE QUE ADIANTA? É TUDO EM VÃO. E AGORA, O QUE EU FAÇO?

MEU DEUS! O QUE FOI QUE EU FIZ? FIZ UMA BESTEIRA...

NÃO TEM SOLUÇÃO! QUE VERGONHA!

A linguagem dos autocontatos: respostas

Veja abaixo:

A linguagem das posturas

Coloque cada pensamento no balãozinho correspondente:

- EI, VOCÊ AÍ, OLHE PARA MIM!
- ISSO NÃO VAI FICAR ASSIM!
- EI, PRINCESA! VEM CÁ!
- POR QUE EU FIZ ISSO?
- CHEGA!
- NÃO AGUENTO MAIS!

A linguagem das posturas: respostas
Veja as mensagens que cada postura transmite:

A linguagem das posturas (2)

Indique o tipo de relação correspondente a cada postura através de setas (como no exemplo). Atenção! Várias respostas são possíveis em cada figura...

SEDUÇÃO

DESAFIO

DISPONIBILIDADE

EMPATIA

PODER

ESPERA

DEPRESSÃO

AFIRMAÇÃO

AUTORIDADE

CONTROLE

SUBMISSÃO

25

A linguagem das posturas (2): respostas

Veja abaixo o tipo de relação correspondente a cada postura:

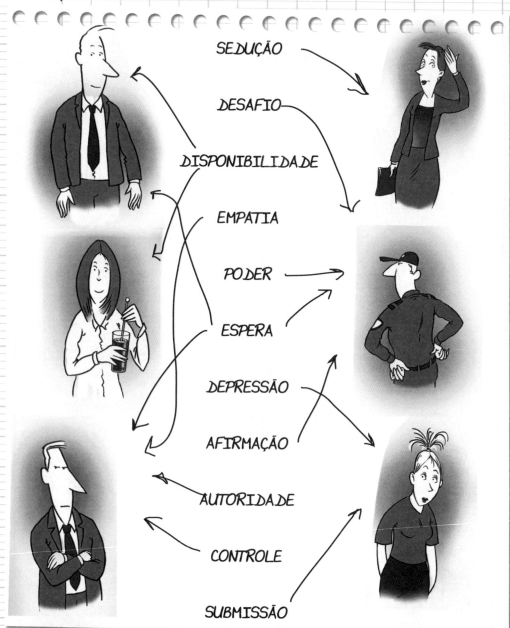

As linguagens corporais (não visuais)

1) A voz	Verdadeiro	Falso
↗ A intensidade denota uma personalidade forte.		
↗ A altura (voz aguda) demonstra estresse.		
↗ A rapidez da fala é um sinal de inteligência.		
↗ O timbre da voz é único e corresponde, em parte, à personalidade.		

2) O toque

↗ Os gregos se cumprimentam dando um aperto de mão e depois beijos.		
↗ Os russos se beijam na boca.		
↗ Os indianos costumam passear de braços dados.		

3) Os cheiros

↗ Eles provocam atração ou causam repulsa.		
↗ Atrapalham a memorização.		
↗ Os feromônios são odores sexuais sentidos de forma inconsciente.		

As linguagens corporais (não visuais): respostas

1) A voz

- A intensidade denota uma personalidade forte: não necessariamente, pois ela pode denotar o caráter extrovertido (do indivíduo ou de sua cultura), raiva ou... surdez!
- Sim, a altura (voz aguda) demonstra estresse.
- Falando mais rápido, parecemos mais inteligentes...
- Sim, o timbre (a "cor" da voz) é único e revela a personalidade.

2) O toque

- Sim, os gregos se cumprimentam dando um aperto de mão e depois beijos.
- Sim, os russos se beijam na boca, mas cada vez menos (influência ocidental?).
- São os árabes que costumam passear de braços dados.

3) Os cheiros

- Sim, os cheiros provocam atração ou causam repulsa.
- Não, muito pelo contrário; eles facilitam a memorização.
- Sim, os feromônios são odores sexuais sentidos de forma inconsciente. Durante uma experiência realizada em uma sala, uma (única) cadeira foi borrifada com feromônios masculinos. Depois, mandaram

entrar algumas mulheres, uma por uma, e pediram para elas se sentarem em algum lugar. Resultado: 90% delas foram se sentar... na cadeira borrifada com feromônios! O mesmo efeito foi obtido ao inverterem o sexo das cobaias.

A linguagem das roupas

Estando bem-vestido (terno ou tailleur) você aumenta as suas chances de...

	Verdadeiro	Falso
1) obter ajuda?		
2) obter dinheiro?		
3) obter respeito?		
4) obter favores?		

Estando vestido de preto, você corre o risco de...

	Verdadeiro	Falso
5) parecer mais agressivo?		
6) parecer mais triste?		
7) parecer mais chato?		
8) parecer mais sedutor?		
9) ser condenado de forma mais severa?		

A linguagem das roupas: respostas

Todas as respostas estão certas e já foram comprovadas por experiências, exceto as afirmações 6 e 7, que não foram nem comprovadas nem desmentidas, mas são amplamente difundidas. Os precavidos vestidos de azul-marinho são julgados de forma menos negativa do que os outros...

A linguagem do penteado

Ligue os cortes de cabelo ao significado deles

Compridos e soltos O   O Feminilidade, arte, revolta
Rabo de cavalo O   O Masculinidade, intelectualidade
Coque O   O Dinamismo (esporte)
Franja O   O Falta de confiança
Cabelos curtos (mulheres) O   O Masculinidade, eficiência
Cabelos chanel (mulheres) O   O Equilíbrio, sedução, eficiência
Cabelos compridos (homem) O   O Descontração, sedução
Calvície O   O Autocontrole, trabalho

Qual é o significado da barba?

☐ Uma forma de sabedoria.

☐ Uma forma de intelectualização.

☐ Um sinal de adesão ao Islã.

☐ Uma forma de rejeição do "sistema".

Qual é o significado do bigode?

☐ Virilidade.

☐ Insensibilidade com relação à dor dos outros.

☐ Agressividade.

A linguagem do penteado: respostas

Significado dos cortes de cabelo:

Compridos e soltos	→ Descontração, sedução
Rabo de cavalo	→ Dinamismo (esporte)
Coque	→ Autocontrole, trabalho
Franja	→ Falta de confiança
Cabelos curtos (mulheres)	→ Masculinidade, eficiência
Cabelos chanel (mulheres)	→ Equilíbrio, sedução, eficiência
Cabelos compridos (homem)	→ Feminilidade, arte, revolta
Calvície	→ Masculinidade, intelectualidade

A barba está presente no estado instintivo (sexualidade e agressividade em morfopsicologia), que ela inibe em proveito dos estados relacional e (principalmente) cerebral. Também é um sinal de adesão ao Islã. Antigamente era um sinal de sabedoria no Ocidente, mas hoje é um sinal de revolta.

Profissões de barba: padre, monge, professor, pesquisador, filósofo etc.

O bigode separa os estados instintivo e relacional (sentimentos, emoções). Isso permite agir sem sentir nada (?) e exercer força ou coação.

Profissões de bigode: BOPE, guardas municipais, policiais, bombeiros, alfandegários etc.

A linguagem do visual: tatuagens

Qual é a origem da prática da tatuagem?

- ....
- ....
- ....
- ....
- ....

Por que as pessoas se tatuam?

• Antigamente:...................................

....

• Desde 1970:..................................

....

Quais são as partes do corpo mais tatuadas?

•...

•...

•...

•...

Quais são os desenhos mais frequentes?

•...

•...

•...

•...

A linguagem do visual, tatuagens: respostas

Qual é a origem da prática da tatuagem?

→ A marcação a ferro quente dos escravos (desde a Antiguidade).

→ A marcação a ferro quente dos legionários romanos.

→ A marcação dos iniciados a certos cultos (secretos).

→ As pinturas de guerra (escoceses, indígenas...).

Por que as pessoas se tatuam?

→ Antigamente, como sinal de reconhecimento e pertencimento.

→ Desde 1970, para se diferenciar e valorizar.

→ Por questões de estilo e gosto.

Quais são as partes do corpo mais tatuadas?

1) O ombro.   2) O quadril.   3) As costas.

Quais são os desenhos mais frequentes?

Espirais, plantas e flores (rosa), símbolos (cruz, caveira...), ar
mais (felinos, pássaros predatórios, cobra...), siglas e rost
(de mulheres).

A linguagem do visual: os sapatos

Ligue os diferentes sapatos ao significado deles:

- FEMINILIDADE E DESEJO DE SEDUZIR... MAS COM LIMITES.

- COMPLEXIDADE (SENTIMENTO DE INFERIORIDADE?).

- CONFORMISMO, FEMINILIDADE, SIMPLICIDADE, AUTENTICIDADE, REJEIÇÃO DA FEMINILIDADE?

- ROMANTISMO, EXOTISMO, EROTISMO.

- DINAMISMO, SIMPLICIDADE, EFICIÊNCIA.

- DINAMISMO, SIMPLICIDADE, EFICIÊNCIA (NO VERÃO), COM MAIS CONFORTO.

- CONFORTO E CONFORMISMO, NATURALIDADE, REJEIÇÃO DA MODA?

35

A linguagem do visual, os sapatos: respostas

Botas: *romantismo, exotismo erotismo ou vulgaridade?*

Botinas: *feminilidade e desejo de seduzir... mas com limites*

Sapatos plataforma: *complexidade (sentimento de inferioridade?)*

Sapatos fechados com salto pequeno: *conformismo, feminilidade*

Mocassins: *conforto e conformismo naturalidade, rejeição da moda*

Sapatos bailarina: *dinamismo simplicidade, eficiência*

Sandálias: *igual às bailarinas (no verão com mais conforto*

Tênis: *simplicidade, autenticidade rejeição da feminilidade*

A linguagem dos acessórios: chapéus

Na sua opinião, quem usa estes chapéus masculinos?
(Várias respostas possíveis)

- BONÉ É CHAPÉU DE

....

- BOINA É CHAPÉU DE

....

- O CHAPÉU CLÁSSICO É CHAPÉU DE

....

- O CHAPÉU DE VAQUEIRO É CHAPÉU DE

....

- O CHAPÉU-PANAMÁ É CHAPÉU DE

....

37

A linguagem dos acessórios, chapéus: respostas

Chapéus masculinos:

→ **Boné** é geralmente usado por jovens, em amibentes informais e cor
acessório esportivo.

→ A **boina** é conotada ao mesmo tempo como chapéu montanhês (boina bas
e "francês".

→ O **chapéu** "clássico" é um acessório "fora de moda" (para os homens) des
a invenção do guarda-chuva e do capuz. Portanto, ele representa uma cer
tradição e um certo nível (de vida?).

→ O **chapéu de vaqueiro** ainda é usado (mas raramente). Ele indicaria u
certa nostalgia do velho oeste, um ideal norte-americano?

→ O **chapéu panamá** é usado no verão e nos países quentes (exóticos?). E
chapéu do **dandy**, rico sedutor?

→ O **critério primordial**: a visibilidade. O chapéu chama ou não chama a at
ção? Ele é mais ou menos original e até mesmo excêntrico? Esse obj
permite todo tipo de fantasia, e as mulheres que usam chapéu sabem
aproveitar disso...

A linguagem dos objetos: os veículos

O que significa, na sua opinião, andar de:

(qual aspecto é privilegiado?)

Exemplo:

Carro de família: o conforto é privilegiado com relação a todos os outros critérios.

- Carro urbano:................................
- Minivan:....................................
- Carro 4x4:..................................
- Carro esportivo:............................
- Perua:......................................
- Moto:.......................................
- **Scooter**:................................
- Bicicleta:..................................

A linguagem dos objetos, os veículos: respostas

Veja o significado dos diferentes veículos:

→ **Carro de família**: o conforto é privilegiado com relação a todos os outr[o]s critérios.

→ **Carro urbano**: aspecto prático e econômico das coisas em detrimento [da] aparência.

→ **Minivan**: conforto e lado prático (muito espaço).

→ **Carro 4x4**: aspecto utilitário, solidez (tração nas quatro rodas) e, sem dúvi[da] ostentação em detrimento do consumo de combustível e da ecologia.

→ **Carro esportivo**: velocidade e desempenho, bem como aparência e... vonta[de] de seduzir.

→ **Perua ou carro utilitário**: lado prático e até mesmo profissional.

→ **Moto**: caráter esportivo (rapidez, prazer e... risco).

→ **Scooter**: aspecto prático (ziguezaguear os carros em engarrafamentos[)] jovem (preço baixo e risco alto).

→ **Bicicleta**: atitude "ecológica" (ausência de combustível) e jovem (preço ba[ixo] e risco alto).

...stimação)

...possuir tal ou tal tipo de animal?

	Verdadeiro	Falso
...a coisa sobre seu dono:		
A) U... ...ão revela uma necessidade de c... ...forto e controle.		
B) Um cacho... ...la um caráter extrovertido e fidelidade.		
C) Um gato revela um caráter introvertido e independência.		
Animais da fazenda:		
A) Necessidade de contato com a natureza.		
B) Amor pelo risco.		
C) Uma forma de dependência...		
Animais exóticos ou originais:		
A) Necessidade de se diferenciar, de chamar a atenção.		
B) Altruísmo, naturalidade, autenticidade.		
C) Gosto por coisas macabras.		

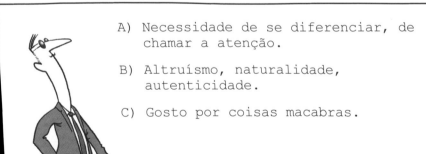

41

A linguagem dos animais (de estima...

Animais domésticos:

→ A Sim, possuir um animal doméstico revela uma necessidade de com panhia, reconforto e controle.

→ B e C Não, as respostas estão trocadas: somos atraídos pelo animal qu complementa a nossa personalidade.

→ B Possuir um cachorro revela uma personalidade extrovertida, fidel dade, caráter confiável, generosidade e calor humano.

→ C Possuir um gato revela um caráter introvertido, independênci egoísmo e sedução.

Animais da fazenda:

→ Eles denotam provavelmente uma necessidade de estar em conta permanente com a natureza (é difícil criar vacas na cidade de São Paul por exemplo!), mas também uma grande dedicação (tais animais exige muitos cuidados), caráter natural, autenticidade e, talvez, também um forma de dependência...

Animais exóticos ou originais:

→ Eles provavelmente denotam uma necessidade de se distinguir d outros, afirmar-se, chamar a atenção para si mesmo, mas também às veze gosto por risco e até mesmo por coisas macabras (piranhas). Idem co relação a plantas carnívoras...

A linguagem dos atos

) A linguagem dos atos

	Verdadeiro	Falso
➜ Os atos "em falta" (os quais não fazemos, mas deveríamos fazer) revelam uma recusa em participar da dinâmica social: escola, casamento, voto, caridade.		
➜ Os atos falhos ("esquecer" de ir trabalhar, por exemplo) indicam desejos (mais ou menos) inconscientes.		
➜ O que fazemos é mais importante do que a maneira como fazemos alguma coisa (por exemplo: rápido ou devagar).		

43

A linguagem dos atos: respostas

I) A linguagem dos atos

→ Verdadeiro. Os atos "em falta" (os quais não fazemos) mostram que no recusamos a entrar na dinâmica da sociedade: não frequentar a escola, na trabalhar, não amar, não votar, não comemorar, não apertar a mão, na aplaudir...

→ Verdadeiro. Os atos falhos revelam desejos (+ ou –) inconsciente: "esquecer" de ir trabalhar, perder a hora marcada no dentista, deixar cai "acidentalmente" um vaso que você detesta (presente da sua sogra)...

→ Falso. O que fazemos não é mais importante do que a maneira com fazemos alguma coisa (o estilo). Muito pelo contrário, pois você pode s forçar a fazer algo que não tenha nada a ver com você (ir à missa, send ateu, por exemplo) ou o oposto: evitar fazer algo vergonhoso (beber, po exemplo) ou fazer escondido. Em compensação, é difícil controlar o dissimular o seu estilo (rápido ou devagar, agressivo ou suave) durant muito tempo.

> *"O estilo é o homem."*
>
> Buffon

A linguagem do tempo: você é pontual?

Envolva a resposta certa.

Relacionamento com os outros:

Não, você está atrasado:

A. Desejo de poder (se fazer esperar, se fazer desejar).

B. Desejo de igualdade (ninguém espera ninguém), respeito.

C. Medo de prejudicar o outro/culpa.

Relação com a morte:

Não, você está adiantado:

A. Você nega a morte (você é imortal e tem tempo).

B. Você reconhece a morte (você tem tempo).

C. Você teme a morte (você não tem tempo).

Relação com a ordem:

Sim, você é pontual:

A. Você não é íntegro (ter comprometimento é apenas um meio para atingir outros fins).

B. Você é íntegro (respeita os seus compromissos).

C. Você é "demasiado" íntegro (sacrifica tudo em benefício dos seus compromissos).

A linguagem do tempo: respostas

O tempo é a vida, que é limitada pela morte... Mas ele também é um espaço em comum: nós dedicamos ou recebemos tempo (aos ou dos outros) e respeitamos ou não as restrições temporais (hora marcada, por exemplo).

Relacionamento com os outros:

➡ Não, você está atrasado:

Resposta A: desejo de poder (se fazer esperar, se fazer desejar).

Relacionamento com os outros dependendo da cultura:

➡ Sim, você é pontual: cultura dos países do Norte (cultura anglo-saxã: hora marcada é hora marcada!).

Relação com a morte:

➡ Não, você está adiantado:

Resposta C: você teme a morte (você não tem tempo).

Relação com a ordem:

➡ Sim, você é pontual:

Resposta B: você é íntegro (respeita os seus compromissos).

A linguagem das distâncias interpessoais

Segundo E. Hall, todos os animais utilizam as distâncias entre si para regular as relações deles. Os seres humanos utilizam quatro tipos; cada um deles tem um significado específico.

Descubra as distâncias e seus significados, indicando-os abaixo (zona social, zona íntima, zona pessoal, zona pública)

1) do infinito até ..... metros.

Zona ....

....

2) de ...... a .... metros.

Zona ....

....

3) de ...... a ...... centímetros.

Zona ....

....

4) de ...... a .... centímetro.

Zona ....

....

A linguagem das distâncias interpessoais: respostas

Foi E. Hall quem descobriu a proxemia: estudo das distâncias interpessoais.

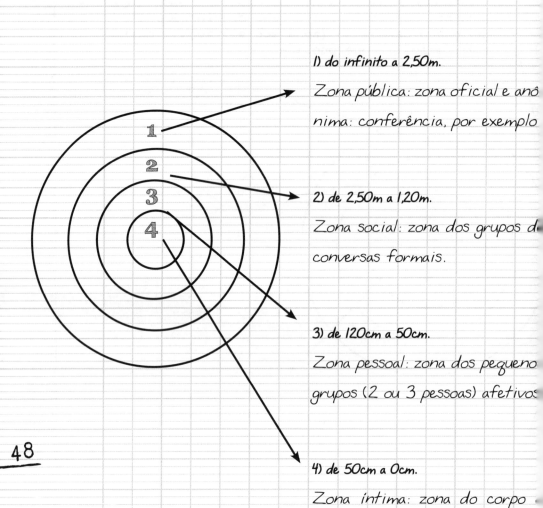

1) do infinito a 2,50m.
Zona pública: zona oficial e anônima: conferência, por exemplo

2) de 2,50m a 1,20m.
Zona social: zona dos grupos de conversas formais.

3) de 120cm a 50cm.
Zona pessoal: zona dos pequenos grupos (2 ou 3 pessoas) afetivos

4) de 50cm a 0cm.
Zona íntima: zona do corpo corpo, afetiva, materna ou sexual

A linguagem dos lugares (dentro de uma sala)

Em uma dinâmica de grupo, cada papel tem um lugar.

Então, coloque cada papel em seu lugar na sala.
Atenção! Cada papel tem um lugar, certos papéis têm mais de um lugar e certos papéis têm apenas um lugar...
O quadro (negro) está situado na parte de cima.

Papéis: mediador, líder, observador, aliado, rebelde, organizador, palhaço.

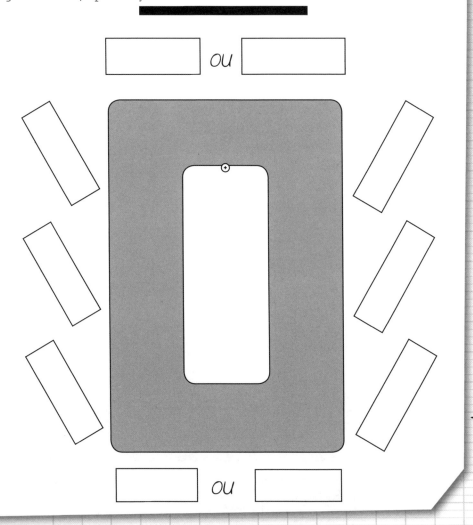

A linguagem dos lugares (dentro de uma sala): respostas

Veja a seguir os lugares mais frequentemente ocupados por cada papel.

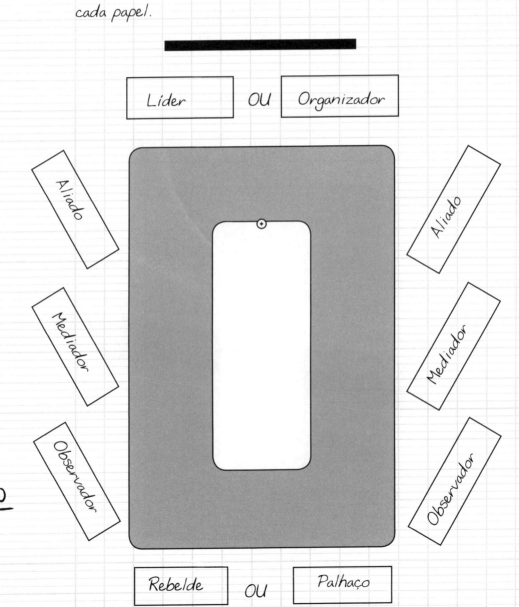

A linguagem das cores

Escreva as cores (branco, azul, cinza, amarelo, marrom, preto, laranja, rosa, vermelho, verde e roxo) na frente de seus significados, assim como no exemplo.

Sociabilidade, conformismo, paz, calma   **Azul**

Curiosidade, avidez, comunicação   ....

Desejo, paixão, autoafirmação, egoísmo   ....

Vitalidade, emotividade, paciência, tenacidade ....

Harmonia, arte, feminilidade, amor   ....

Criatividade, originalidade, egocentrismo   ....

Tensão, necessidade de evasão ou de elevação   ....

Medo, ganância, senso prático   ....

Necessidade de segurança e normalidade   ....

Solidão, ambição, insatisfação   ....

Neutralidade, paz, respeito, perfeição   ....

A linguagem das cores: respostas

Azul: sociabilidade, conformismo, paz, calma.

Amarelo: curiosidade, avidez, comunicação.

Vermelho: desejo, paixão, autoafirmação, egoísmo.

Verde: vitalidade, emotividade, paciência, tenacidade.

Rosa: harmonia, arte, feminilidade, amor.

Laranja: criatividade, originalidade, egocentrismo.

Roxo: tensão, necessidade de evasão ou de elevação.

Marrom: medo, ganância, senso prático.

Cinza: necessidade de segurança e normalidade.

Preto: solidão, ambição, insatisfação.

Branco: neutralidade, paz, respeito, perfeição.

A linguagem das doenças

Você seria capaz de decifrar o sentido das doenças abaixo?
Ligue as enfermidades aos significados, como no exemplo dado.

Angina ○

Anorexia ○

Câncer ○

Colesterol ○

Coceira ○

Diabetes ○

Excesso de peso ○

Fígado ○

Insônia ○

Dores de cabeça ○

Miopia ○

Verrugas ○

○ Falta e busca de segurança afetiva.

○ Ferida não cicatrizada ou recalcada.

○ Medo inconsciente de passar necessidade ou fracassar.

○ Dificuldade em expressar seus sentimentos.

○ Medo inconsciente do futuro.

○ Falta de confiança, excesso de controle.

○ Dificuldade em aceitar seus pensamentos ou sentimentos.

○ Uma mãe ausente ou pouco amorosa.

○ Hipersensibilidade, aborrecimentos ou bloqueios.

○ Medo de que lhe falte algo ou de perder.

○ Raiva explosiva ou contida.

○ Problema de relacionamento.

A linguagem das doenças: respostas

Veja a seguir os significados das enfermidades citadas, segundo especialistas em interpretação de doenças (o Dr. Hamer, Christian Flèche e Michel Odoul):

Angina: dificuldade em expressar seus sentimentos.

Anorexia: uma mãe ausente ou pouco amorosa.

Câncer: ferida não cicatrizada ou recalcada.

Colesterol: medo de que lhe falte algo ou de perder.

Coceira: problema de relacionamento.

Diabetes: falta e busca de segurança afetiva.

Excesso de peso: medo inconsciente de passar necessidade ou fracassar.

Fígado: raiva explosiva ou contida.

Insônia: falta de confiança, excesso de controle.

Dores de cabeça: dificuldade em aceitar seus pensamentos ou sentimentos..

Miopia: medo inconsciente do futuro..

Verrugas: hipersensibilidade, aborrecimentos ou bloqueios.

A linguagem da mentira

1) A linguagem dos mentirosos

Quem é mentiroso tenta controlar as próprias linguagens.
Algumas são mais fáceis de controlar do que outras.
Quais delas? Em uma escala de 5 graus, coloque 1 na mais
fácil e 5 na mais difícil:

– Os trejeitos:.... – Os gestos:.. – As atitudes: ......

– As distâncias:... – A voz:...... – O toque: ....

– Os cheiros:...... – O visual:... – Os objetos: ....

– Os atos:.........

**2) Classifique os sinais que indicam mentira, indo do mais ao
menos incontestável:**

... Os sinais verbais (atos falhos, incoerência,
     imprecisão...).

... Os sinais não verbais.

... A incoerência entre sinais verbais e não verbais.

3) Quais são os três gestos da mentira (autocontatos)?

☐ Tocar nas próprias mãos. ☐ Tocar no próprio queixo.

☐ Tocar no próprio nariz.   ☐ Coçar a testa.

☐ Tocar no próprio pescoço. ☐ Tocar na própria boca.

4) Classifique-os por ordem de frequência

1. ....

2. ....

3. ....

A linguagem da mentira: respostas

1) As linguagens que os mentirosos privilegiam são (da mais fácil de controlar à mais autêntica):

1. O visual e os objetos.
2. As atitudes e os trejeitos.
3. Os gestos e a voz.
4. Os atos e as distâncias.
5. O toque e os cheiros.

2) Os sinais de mentira mais incontestáveis são:

1. A incoerência entre sinais verbais e não verbais (que aparecem em maior número e apresentam múltiplas formas).
2. Os sinais não verbais.
3. Os sinais verbais (atos falhos, incoerência, imprecisão...).

3, 4) Os três gestos da mentira (autocontatos) são:

1. Tocar no próprio nariz.
2. Tocar na própria boca.
3. Tocar no próprio queixo (que se queixa de mentir).

A linguagem da sedução

Na sua opinião, quais são os sinais da sedução? Indique também, quando oportuno, Homem (H) ou Mulher (M) nos sinais específicos de cada um.

Exemplo:

Trejeitos da sedução: sorrir

	Mulher	Homem
Gestos da sedução:.......................................		
Postura da sedução:.......................................		
Voz da sedução:.......................................		
Toque da sedução:.......................................		
Cheiros da sedução:.......................................		
Gosto da sedução:.......................................		
Visual da sedução:.......................................		
Objetos da sedução:.......................................		
Atos da sedução:		
Distância da sedução:.......................................		
Lugares da sedução:.......................................		
Cores da sedução:.......................................		

A linguagem da sedução: respostas

Veja a seguir os sinais da sedução:

- **Trejeitos da sedução**: sorriso, rosto feliz.
- **Gestos da sedução**: abertos (braços, pernas...).
- **Postura da sedução**: empinada (mulher).
- **Voz da sedução**: lânguida, lenta, grave.
- **Toque da sedução**: marcado, carinhoso, delicado.
- **Cheiros da sedução**: feromônios + perfume forte.
- **Gosto da sedução**: doce?
- **Visual da sedução**: curto, decotado, justo (mulher), camisa e *jeans* ou terno (homem).
- **Objetos da sedução**: acessórios (mulher) e carro (homem).
- **Atos da sedução**: dançar (preliminares), mexer-se.
- **Distância da sedução**: cada vez mais próxima.
- **Cores da sedução**: vivas e chamativas: vermelho, laranja, amarelo, rosa.

A linguagem do poder

Na sua opinião, quais são os sinais do poder?

Emoções do poder:....................................

Posturas do poder:....................................

Letra do poder:.......................................

Voz do poder:...

Visual do poder: ....

Objetos do poder: ....

Animais do poder:.....................................

Atos do poder:..

Tempo do poder:.......................................

Distância do poder:...................................

Lugar do poder (em uma sala):.........................

Cores do poder:.......................................

A linguagem do poder: respostas

Veja a seguir os sinais do poder:

- → Emoções do poder: raiva.
- → Posturas do poder: descontraída, mãos na cintura, peito estufado, queixo empinado.
- → Letra do poder: ilegível?
- → Voz do poder: grave, alta, clara.
- → Visual do poder: sóbrio (entre militar e padre).
- → Objetos do poder: chaves?
- → Animais do poder: cavalo (símbolo da aristocracia)?
- → Atos do poder: decidir, assinar, repreender.
- → Tempo do poder: atrasado (se fazer esperar!).
- → Distância do poder: a maior possível.
- → Lugar do poder (em uma sala): perto do quadro, na frente da porta.
- → Cores do poder: preto.

Conclusão

Segundo Françoise Dolto, "tudo é linguagem". De fato, utilizamos pelo menos 23 linguagens, além da linguagem articulada (as palavras). Porém, talvez ainda não tenhamos descoberto todas as linguagens... Talvez um dia alguém descubra uma outra linguagem até então desconhecida.

E, quem sabe, talvez os cientistas descubram um dia que somos capazes de nos comunicar sem nenhum suporte material, somente através de ondas que não percebemos conscientemente (um pouco como os feromônios). Os golfinhos (entre outros) se comunicam justamente através de ondas.

Enquanto isso, sabemos que a nossa percepção, por mais rica que seja, é limitada: não conseguimos captar todos os sons nem todas as luzes, e ainda menos todos os cheiros. As formigas, por sua vez, possuem um olfato muito evoluído, que lhes permite se guiarem na escuridão ou à luz do dia (algumas espécies são totalmente cegas).

Esta comunicação química também está muito presente na flora: as árvores se comunicam e lutam entre si destilando substâncias químicas no solo.

Na verdade, cada espécie animal ou vegetal se comunica do seu jeito, com linguagens adequadas às suas necessidades. Sem comunicação, a vida acaba. Daí a pensar que viver é se comunicar...

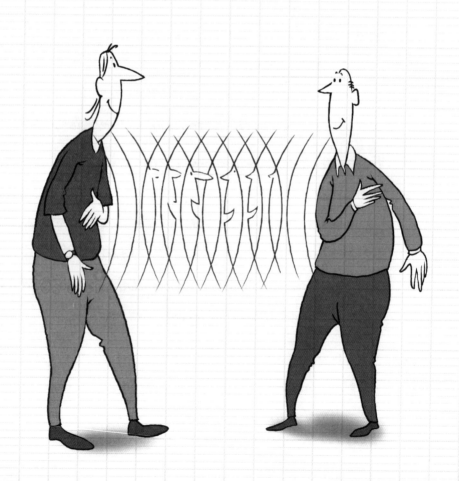

Referências

AXTELL, R. *Gestos* — Um manual de sobrevivência gestual divertido e informativo, para encarar essa tal "globalização". Rio de Janeiro: Campus, 1994.

BRIÈRE, F. *La bible des gestes* — Interprétez expressions, gestes et postures. Paris: Caractère, 2008.

CABANA, G. *Attention!* — Vos gestes vous trahissent. Montreal: Québecor, 2008.

CAMERON, M. *Les gestes et les attitudes qui parlent*. Montreal: Québecor, 2009.

COLLETT, P. *Book of Tells*. Londres: Transworld, 2003.

GLASS, L. *Eu sei o que você está pensando*. Rio de Janeiro: Best Seller, 2004.

HALL, E. *A dimensão oculta*. São Paulo: Martins Fontes, 2005.

MESSINGER, J. *Como identificar as pessoas pelos gestos*. Barueri: Princípio, 2007.

MORRIS, D. *Os gestos, suas origens e significado*. Lisboa: Europa-América, [s.d.].

NIERENBERG, G. & CALERO, H. *Como conhecer as pessoas*. Rio de Janeiro: Record, 1971.

PACOUT, N. *Le langage des gestes*. Paris: Marabout, 1997.

PEASE, A. & PEASE, B. *Desvendando os segredos da linguagem corporal*. Rio de Janeiro: Sextante, 2005.

RIBBENS, G. & THOMPSON, R. *Aprenda as chaves da linguagem corporal*. São Paulo: Planeta do Brasil, 2005.

TURCHET, P. *A linguagem do corpo* — Aprenda a ler as emoções dos outros. Lisboa: Livros Horizonte, 2012.

VEYRAT, J.-P. *Aperçus du langage corporel*. Paris: Negorisk, 2001.

WEIL, P. & TOMPAKOV, R. *O corpo fala*. Petrópolis: Vozes, 2013.

Acesse a coleção completa em

livrariavozes.com.br/colecoes/caderno-de-exercicios

ou pelo Qr Code abaixo